JE NE SUIS PAS SEUL À ÊTRE SEUL

Jean-Louis Fournier est réalisateur et l'auteur entre autres d'une série de récits personnels dont la plupart ont connu un grand succès critique et public : *Il a jamais tué personne, mon papa*, *Où on va papa ?* (prix Femina 2008), *Poète et paysan*, *Veuf*, *La Servante du Seigneur*, *Ma mère du Nord*.

Paru au Livre de Poche :

Arithmétique appliquée et impertinente
Bonheur à gogos !
Ça m'agace !
Le C.V. de Dieu
Grammaire française et impertinente
Il a jamais tué personne, mon papa
Je vais t'apprendre la politesse...
J'irai pas en enfer
Ma mère du Nord
Mon autopsie
Mon dernier cheveu noir
Les Mots des riches, les mots des pauvres
Mouchons nos morveux
Où on va, papa ?
Le Petit Meaulnes
Poète et Paysan
Roulez jeunesse
Satané Dieu !
Sciences naturelles et impertinentes
La Servante du Seigneur
Veuf

JEAN-LOUIS FOURNIER

Je ne suis pas seul à être seul

JC LATTÈS

Couverture : Léon Spilliaert, *La Démocratie en marche* (coll. privée).

ISBN :-978-2-253-26207-7 – 1re publication LGF

Pour Laurent Laffont,
il m'a permis de ne pas me retrouver seul…

« Je n'ai pas envie de solitude, j'en ai besoin. »

R. BARTHES

Un petit garçon coiffé en brosse, portant un pull-over rouge, qui dit s'appeler « bilili[1] » réclame sa maman à l'accueil du magasin…

Soixante-dix ans plus tard, Jean-Louis, octogénaire fringant, trépigne et tambourine fiévreusement à la porte de la maison de ses voisins dont les volets sont fermés.

Il recherche la compagnie. Il ne supporte plus sa lancinante solitude.

1. C'est le nom que, petit, je me donnais, quand je ne savais pas encore dire Jean-Louis.

J'en ai marre d'être seul, de plus en plus seul, de plus en plus vieux, de plus en plus moche…

Si j'avais su, je serais pas vieux.

C'est la canicule, je crève de chaud et malgré les injonctions du gouvernement, mes proches, devenus lointains, ne m'appellent pas pour savoir si je bois consciencieusement de l'eau.

Tout le monde m'a abandonné, ma femme Sylvie, il y a dix ans, récemment ma petite chatte Salomé, tous ceux qui m'avaient aidé à vivre.

Ma maison est devenue trop grande et mes voisins d'en face ont toujours leurs volets fermés.

« Le plus terrible c'est que je vais mourir seul, tu ne seras pas là pour me rassurer, me tenir la main, me fermer les yeux. En même temps je préfère que tu évites tout ça. Toi au moins tu n'auras jamais été veuve. »

Je suis seul à être veuf.

Veuf et seul, des mots qui vont très bien ensemble.

Deux mots qui contiennent le même élément *eu*, qui en grec veut dire : bien.

Les mots ne manquent pas d'humour.

Une solution pour ne pas être seul quand on est vieux est d'avoir une famille nombreuse, avoir des enfants qui plus tard pourront pousser votre fauteuil roulant.

Je n'ai pas eu de pot avec mes deux garçons, c'est moi qui ai dû pousser leur fauteuil. Et ma sainte fille prie pour que je casse ma pipe.

J'ai choisi d'écrire un livre sur la solitude.

Quand ça va mal, j'écris mes malheurs, pour essayer d'en rire…

« On écrit parce que personne n'écoute. Sans la littérature on ne saurait pas ce que pense un homme lorsqu'il est seul[1]. »

Un livre sur la solitude, on ne l'écrit pas à quatre mains.

On ne peut pas se faire aider. On doit être seul.

Ça tombe bien, je suis seul, devant ma page blanche.

Il sera court, comme je souhaiterais ma solitude.

---

1. Georges Perros.

Quand je suis né, je ne respirais pas, mon papa docteur, m'a attrapé par les pieds, comme on fait aux lapins avant de les tuer. Il m'a donné une grande claque dans le dos pour que je prenne le goût de vivre.

Déjà inquiet, j'appréhendais l'avenir et devant l'imminence du danger, je retenais ma respiration.

Quarante années plus tard, je raconterai dans un dessin animé l'aventure d'un oiseau qui avait le vertige, il avait peur de voler, je l'avais appelé Antivol.

« Jean-Louis est un fou chiffonné, cerné d'angoisses existentielles, pour qui tout allait bien, jusqu'à ce jour maudit où il est né[1]. »

Un jour maudit où, chassé du nid, j'allais devoir voler seul, et connaître mes premières solitudes.

---

1. Pierre Desproges.

J'ai nagé longtemps. Je me suis éloigné de la plage. Je n'ai plus pied, je n'ai pas le droit.

J'ai toujours aimé les endroits interdits.

On me fait des grands signes pour que je revienne.

Je continue. Je veux être seul, penser que la mer est à moi.

Je rêve de traverser la Manche, je veux aller en Angleterre, acheter des Craven A et une cravate écossaise…

Quand enfin, épuisé, je fais demi-tour et sors de l'eau, plus personne ne m'attend sur la plage, tout le monde est parti.

Je suis seul. Je me mets à pleurer, dans la mer du Nord.

J'ai 10 ans.

Trente ans plus tard je réaliserai, pour la télévision, un documentaire sur le tunnel sous la Manche.

J'allais tout savoir sur ce gros cordon ombilical qui désormais allait unir la France à l'Angleterre.

Au lieu de m'épuiser à traverser la Manche à la nage, j'allais effectuer le voyage dans un confortable siège en velours avec la mer au-dessus de la tête et au lieu de boire la tasse, *a cup of tea* à la main.

Soixante-dix ans plus tard, je suis au cap Gris-Nez, devant la mer.

L'Angleterre est toujours là, à portée de main. Maintenant que j'ai le bras plus long. je peux la toucher. Je suis seul devant la mer, j'ai l'impression qu'elle m'attendait, qu'elle est venue, seulement pour moi.

Comme si elle cherchait toujours à me séduire avec ses superbes reflets, qui pourraient être de Monet, et ses clapotis, qui pourraient être de Debussy…

Soixante-dix ans plus tard, je me regarde dans mon miroir.

Je peux mesurer l'ampleur du désastre, j'ai de plus en plus une sale gueule. Quand on est vieux, même bronzé, on reste moche. Je n'ai pas envie de me sourire.

Un homme seul ne sait plus sourire, il a perdu l'habitude de rire aux anges, il n'a plus d'ange.

Personne ne me fait des compliments, ne me dit : tu es bien coiffé.

Personne ne me dit : tes nouvelles lunettes te vont bien

Personne n'essaye de me plaire, sauf ma mer du Nord...

Je suis seul devant mon miroir. Personne ne me regarde.

Mon reflet aussi est seul.

Je me mire dans mon miroir, mais personne ne m'admire.

Je suis en Angleterre, dans un ministère, je tourne un documentaire sur la peinture anglaise.

C'est immense, comme un panthéon.

Un grand hall avec une verrière, beaucoup de plantes vertes.

Des couloirs qui n'en finissent pas.

De grandes salles à haut plafond, tapissées de papiers peints de William Morris que je dois filmer.

Des escaliers monumentaux, pour monter au ciel.

C'est vide, pas un chat.

Personne à qui je puisse dire : *I am alone*.

Je suis au ministère de la Solitude, créé en janvier 2018 par le gouvernement de Theresa May.

Les Anglais ont deux mots pour parler de la solitude : *Loneliness* « seul, sans l'avoir choisi » et *Solitude* « seul, quand on a choisi de l'être ».

Pour désigner la pire et la meilleure des choses, le Français n'a qu'un mot, pas besoin de deux, on lit sur son visage. Il n'a pas le flegme britannique.

Depuis que beaucoup de ceux qui m'aimaient sont partis, je me sens moins aimé. Mon éditeur, Jean-Marc Roberts, n'avait que des auteurs préférés... J'avais l'impression d'écrire avant tout pour lui faire plaisir. Je pense à un client de mon père médecin qui un jour m'avait dit : ton père, j'ai eu envie de guérir pour lui faire plaisir.

La mort de quelqu'un qui vous aime, c'est de l'amour en moins.

J'en veux à ceux qui meurent, de m'abandonner.

Dernière déconvenue, je ne suis pas cité dans la dernière liste des personnalités préférées des Français.

Je m'en fous, je suis l'homme le plus discret des Hauts-de-France, mais je veux que ça se sache.

J'ai encore plein de choses à raconter, je voudrais encore étonner.

Depuis que j'écris, ma vie intérieure, imprimée à plusieurs exemplaires, est devenue extérieure, heureusement je garde mon jardin secret.

Mes angoisses me tiennent compagnie.

Il y a quelques années, on m'avait donné l'adresse d'un nouveau psy. Il y avait foule devant son cabinet, une longue queue attendait.

Je regardais les autres avec sympathie.

Le psy soignait avec succès les agoraphobes et les gens qui souffrent de solitude.

Dans la salle d'attente bondée, je n'avais pas pu trouver une place assise, je me sentais moins seul.

Le psy était un ponte, il s'appelait Pontalis.

J'avais réussi à avoir un rendez-vous, grâce à un de ses amis. Je lui avais raconté que j'écrivais des dessins animés, je lui ai parlé de ma vache Noiraude et d'Antivol.

Il m'avait dit qu'il n'avait pas le temps de s'occuper de moi, il me conseillait de continuer à inventer des personnages, c'était pour lui la meilleure thérapie.

Je suis sorti, ragaillardi, sur le dos de ma vache Noiraude et avec l'oiseau Antivol sur mon épaule.

Mon vieil ordinateur est en train de rendre l'âme, il refuse d'imprimer ce que j'ai envie de dire. Il perd la mémoire.

Lui aussi.

Je me retrouve avec des tonnes de souvenirs que je ne peux pas trier, et dont je ne peux plus vérifier l'authenticité.

La limite entre souvenir et invention devient floue. Dans le bric-à-brac de ma vieille tête mal rangée, rêve et vécu se confondent.

J'arrive à cette ultime solitude, où tous mes contemporains disparaissent.

Je deviens l'ancien combattant qui raconte à des gens qui ne l'écoutent pas une guerre qu'il a peut-être inventée.

Bientôt, je ne pourrai plus identifier mes vieilles photos de famille et il n'y aura plus sur la terre une personne à qui je puisse demander : « Tu te souviens ? »

Je suis condamné à me souvenir seul.

Mon répondeur est vide, pas de message, personne à qui répondre.

Que ceux qui m'appellent et me demandent s'ils me dérangent, sachent une fois pour toutes : on me dérange quand on ne m'appelle pas.

Hier j'ai eu trois coups de fil.

À 12 h 32, on voulait me vendre une cuisine.

À 15 h 11, c'était la mairie qui m'appelait, à cause de la canicule, pour savoir si tout allait bien.

À 16 h 03 c'était une erreur.

Trois fausses joies.

Dans ma boîte aux lettres, deux lettres, une lettre des impôts.

Il y a là-bas quelqu'un qui ne m'oublie jamais.

Jamais de lettre de ma fille, depuis trois ans…

Une invitation de Mercedes pour la présentation de son dernier modèle.

Sur l'invitation, il est marqué valable pour deux.

Est-ce que c'est valable pour un ?

J'ai appelé plusieurs fois SOS Solitude. C'est toujours occupé.

Je ne dois pas être seul à appeler.

Je voudrais tellement qu'on me parle que je suis prêt à appeler l'horloge parlante.

Hier soir, seul devant la télé, j'ai épilé mon hérisson.

Quand je m'ennuie, pour passer le temps, je compte.

Quand j'étais petit je comptais sur mes doigts, je comptais mes pas, les marches d'escalier, plus tard plus ambitieux, j'ai compté dans ma tête. Mon record est à ce jour 35 473.

C'était lors d'un week-end d'hiver, interminable…

J'ai fait une partie de solitaire, je gagne toujours.

Je me retrouve seul, je ne vais pas me plaindre, je me suis retrouvé. J'aurais pu ne pas me retrouver du tout, être perdu définitivement.

La solitude, mal du siècle, représente un marché juteux pour les bienfaiteurs de l'humanité. Selon les études, 12 % de la population française seraient concernés par la solitude. Les 88 % restants souffrent de la multitude.

L'avenir nous réserve des surprises. *Client Partner* et *Book a friend* proposent un remède à la solitude.

Hier, j'ai loué un ami (8 à 10 euros l'heure). Pour 8 euros, il répond aux questions, pour 10 euros il pose des questions. J'ai choisi celui à 10 euros.

Sa première question a été de me demander si je payais en liquide ou en chèque…

Pourquoi pas, bientôt, des Banques philanthropiques, le Crédit Amical et la Société Généreuse.

Les volets de mes voisins d'en face sont fermés.
Ils ont dû partir...
Ils ne m'ont même pas prévenu.

Quand j'étais petit je faisais tout mal, sauf chanter. J'étais soliste de la chorale de Saint-Jo. J'étais soprano, ma voix montait très haut, là où les autres n'arrivaient pas à me suivre.

J'ai créé une messe à la cathédrale d'Arras, sous la direction du compositeur Raoul Jobin.

Très haut perché dans la tribune, devant les grandes orgues, j'ai connu la joie de l'oiseau qui chante seul en haut de son arbre.

De là-haut je voyais les petites têtes des gens qui m'écoutaient. Je faisais résonner les voûtes de pierre, j'avais presque envie de m'envoler. La tribune était à dix mètres, le sol en bas était en marbre, mais je n'avais pas d'ailes.

Un jour, le petit rossignol que j'avais dans la gorge s'est tu. Un autre rossignol que j'avais plus bas s'est redressé dans la poche de mon kangourou, et a demandé voix au chapitre. J'allais me raser et mettre des pantalons longs.

J'ai 15 ans.

Je suis seul dans le confessionnal, dans le noir, une petite lucarne s'ouvre dans un grincement sinistre.

Derrière un treillis de bois, apparaît le visage du curé.

Il va falloir que j'avoue tous mes péchés, les véniels et les mortels, mes plaisirs solitaires, mes pensées impures.

Je regarde souvent, dans le dictionnaire, un tableau de Cranach, Ève toute nue…

Il écoute les yeux fermés ou il dort, après il me fait un petit sermon, la nuit quand j'ai des mauvaises pensées, je dois prier avec mes mains.

J'attends la facture.

Trois *pater* et dix *ave*, je m'en tire bien. Je récite mon acte de contrition et je prends la ferme résolution « avec le secours de ta sainte grâce de ne plus t'offenser et de faire pénitence ».

Il me donne l'absolution et je vais en paix, si je meurs je vais au paradis.

Il paraît qu'au paradis toutes les filles sont à poil.

Quand il y avait beaucoup de vent, je lâchais mon guidon, j'ouvrais les bras en tenant les coins de ma cape, ça faisait comme une voile.

Je devais ressembler à une grande chauve-souris. Je traversais à vol d'oiseau les champs de betterave, les collines de l'Artois, j'étais dans le ciel, seul.

Je déclamais du Racine aux betteraves, et du Molière aux épis de blé. Je serai un grand comédien, ma vie sera extraordinaire. Le vent me portait, j'allais loin, j'irai très loin. Ivre de vent, j'entendais les applaudissements, les bis.

Sur ma petite tête pleine de picots, le ciel était immense. Poussés par le vent, les nuages faisaient du cent à l'heure.

Le vent n'était pas seulement dehors, il était aussi à l'intérieur de ma tête.

J'avais 16 ans.

Un rêve étrange cette nuit.

J'ai enterré la dernière personne de ma famille.

J'ai dû creuser le trou moi-même.

C'était dur, c'était long, ça m'a pris une grande partie de la nuit, il y avait beaucoup de pierres dans la terre.

Moi, le dernier de la classe, moi, l'égoïste à qui on disait tu te crois seul au monde, je me retrouvais le dernier homme sur la terre, le dernier survivant.

Sur la terre, désormais vide, j'attends mon tour.

La terre est triste et déserte comme Paris au mois d'août.

C'est férié tous les jours.

Tous les magasins d'alimentation et les restaurants sont fermés définitivement, le dernier boulanger est mort il y deux ans, le dernier boucher il y a trois ans, le marchand de légumes a été le dernier.

Je ne peux plus manger du frais, seulement des conserves, dont la date de péremption est proche de la mienne.

Il y avait un magasin de surgelés mais après la mort de monsieur Picard, il y a eu une coupure générale de courant.

Les condamnés à mort sont morts de vieillesse dans leur chaise électrique, dans la pénombre j'ai dû allumer une bougie.

J'attends la fin du monde, je m'ennuie mortellement.

Toutes les maisons sont abandonnées, j'ai l'embarras du choix.

Je déménage souvent.

Un moment j'ai logé à l'Élysée.

Le pire, c'est la solitude.

J'en viens à aimer les moustiques.

Le soir, quand il y en a un qui vient se poser sur mon nez, ça me fait une compagnie. Mais eux aussi disparaissent.

Je peux tout m'offrir, je peux aller puiser dans les coffres des banques, faire du feu avec les billets de banque pour me réchauffer.

Il me manque l'essentiel : la chaleur humaine.

Je donnerais tout l'or du monde pour entendre quelqu'un me dire : comment vas-tu ?

Je vais mal, tous les hommes sont morts et bien pire toutes les femmes.

Je suis maigre, je ne me rase plus, mes cheveux sont longs, tous les coiffeurs sont morts.

Je suis moche, je ne suis plus coquet, je n'ai plus personne à séduire.

Et le dernier fleuriste a disparu.

Même plus une fleur à mettre à ma boutonnière.

Les volets d'en face sont encore fermés, en plus, ils sont en fer.

Mes voisins ne sont pas encore rentrés.

Un volet s'ouvre.

Fausse joie.

C'est la femme de ménage…

J'ai 16 ans. Je suis en Autriche, dans le Tyrol.

Un camp de vacances de la JEC, Jeunesse étudiante chrétienne.

Je suis parti dans la montagne, avant tout le monde. Je me suis échappé, j'accélère pour ne pas être rattrapé, je veux être le premier en haut, seul.

Je monte, je monte, c'est dur.

C'est haut la montagne.

Arrivé au sommet, je suis seul, je savoure ma solitude en altitude.

Je suis essouflé, la vue me coupe le souffle, elle est magnifique, mais personne à qui dire c'est beau hein ?

J'ai hurlé : « Je suis seul. »

L'écho m'a répondu : « Moi aussi. »

Il me rappelle qu'il y a cinquante ans on était ensemble au camp de la JEC en Autriche.

Il se souvient de moi, pas de mon nom.

Il perd la mémoire, moi aussi.

Il a une hanche neuve, moi aussi.

Il a des douleurs nouvelles, moi aussi.

Ça m'a soulagé, je ne suis pas le seul.

On est fait pour s'entendre, après chacune de ses phrases, je peux ajouter moi aussi.

On est maintenant deux vieux messieurs. On parle de nos anciennes conquêtes, à l'imparfait.

On se découvre des amis communs et des douleurs communes. Nos carcasses sont devenues inconfortables. On trouve des sujets inépuisables de conversation. On échange des numéros de téléphone, des noms de médicaments, des adresses de médecins, des régimes miracles, des mouvements de gymnastique…

Je lui ai dit que j'aimerais bien le revoir. Il m'a dit moi aussi.

Quand il a affirmé qu'il ne souhaitait pas s'éterniser ici-bas, qu'il voulait échapper au pire, je l'ai laissé partir seul.

Par superstition, je n'ai pas ajouté moi aussi…

J'ai 18 ans, je viens de me faire plaquer, elle a refusé de danser avec moi.

Je suis sorti, dans la nuit, fumer une cigarette.

Je regarde le ciel, je suis seul sous la lune.

Je pense aux poètes romantiques, un seul être me manque et tout est dépeuplé…

Je pense être le dernier romantique vivant.

J'entends la musique. Les Platters chantent : *Only You.*

Tu es la seule qui puisse faire jaillir la lumière de l'obscurité…

Je l'imagine en train de danser avec un autre.

Des larmes jaillissent, j'ai envie de mourir.

J'ai été plaqué par ma première fiancée de la ferme, je suis retourné chez ma mère, à Arras.

Je ne sors pas, je ne tiens pas à ce qu'on me demande des nouvelles de ma fiancée, je me sentirais humilié de devoir dire que j'ai été plaqué, qu'on m'a laissé tomber. On risque de penser que je ne suis pas si intéressant que ça.

Au début, je fais rigoler, on dit de moi : « il est marrant », « on ne s'ennuie pas avec lui », mais ça ne dure pas. On se dit qu'un type qui plaisante sur tout ne doit pas avoir de sensibilité et ne pas avoir de fond. On en a vite fait le tour, et quand on a fait le tour, on en sait assez, on part et on ne revient pas.

Madame Basset habitait rue de la Paix à Arras, près de notre maison où Papa donnait ses consultations, j'ai écrit *donnait*, souvent il ne faisait pas payer ses clients.

Madame Basset a été la première de la rue à avoir la télévision, on allait voir chez elle « 36 chandelles » avec Jean Nohain.

Elle avait un petit chignon au-dessus de la tête, elle avait un tablier, un balai et toujours un chiffon à la main.

Elle était seule dans sa grande maison. Elle était veuve, madame Basset.

Elle souffrait de la solitude, comme personne, pourtant elle refusait toutes les invitations. Elle disait qu'elle était plus malheureuse après, elle se retrouvait encore plus seule.

Pour s'occuper, elle faisait le ménage toute la journée.

Chaque jour elle époussetait une multitude de petits bibelots rangés comme des petits soldats.

Tout brillait chez elle, les parquets, les escaliers, les carreaux, les carrelages, les lustres, les casseroles en cuivre…

Pourquoi passait-elle sa vie à astiquer, à faire briller ?

J'ai compris un jour.

Quand elle circulait dans sa maison, elle était au milieu d'un kaléïdoscope, entourée de tous ses reflets, ils la regardaient, ils l'accompagnaient, ils la précédaient, ils la suivaient, parfois ils lui souriaient, elle leur souriait, comme la Joconde.

Ça lui faisait une présence.

Le poète latin Térence s'exclame « Comment ! Qu'un homme aille se mettre dans la tête d'aimer quelque chose plus que soi-même ! »

Étonnant, non ? dirait monsieur Cyclopède.

Être altruiste c'est aimer l'autre plus que soi.

Ce n'est pas naturel, comme l'égoïsme.

Ma femme Sylvie était altruiste, plus altruiste qu'elle tu meurs. D'ailleurs elle est morte, avant moi, ce qui a été sa seule faute de savoir-vivre.

Je n'aime pas toujours les autres, mais j'aime que les autres m'aiment.

Si j'appelle souvent les autres au téléphone, ce n'est pas pour avoir des nouvelles d'eux, c'est pour leur donner des nouvelles de moi.

Quand ils parlent d'eux longtemps, ça m'ennuie, je n'écoute pas, j'attends que ce soit fini, pour enfin parler de moi.

Je ne suis pas altruiste, je ne pense qu'à moi, mais j'ai besoin des autres.

J'aime bien les altruistes, ils font le bonheur des autres, et surtout le mien.

Si j'étais un alpiniste congelé perdu dans l'Everest,

un naufragé accroché à un rocher qui marine au milieu de l'océan,

un explorateur qui rissole dans le Sahara,

un aveugle qui veut traverser la rue,

un automobiliste en panne la nuit,

un locataire d'une île déserte,

un conducteur de TGV seul dans sa cabine,

un fumeur qui n'a pas de feu,

un paralytique devant un escalier,

celui qui connaît une histoire drôle, mais n'a personne à qui la raconter,

celui qui a une démangeaison au milieu du dos et pas le bras assez long,

je crois que si Jean-Paul Sartre avait le culot de me dire « l'enfer c'est les autres », je lui demanderais bien de me gratter le dos.

L'autre, il a freiné pour ne pas m'écraser, et il m'a fait un signe amical.

Il m'a retenu la porte, il m'a cédé sa place assise, il m'a laissé passer devant, il m'a souri, il a ri quand j'ai fait une plaisanterie.

Il m'a donné du feu, quand les croquants et les croquantes, tous les gens bien intentionnés m'avaient fermé la porte au nez.

L'autre n'a pas que des défauts.

Je suis dans le métro, debout au milieu d'une bande de jeunes, on est très serrés les uns contre les autres, j'étouffe. Il y en a un qui lit un livre, *Les Rêveries du promeneur solitaire*, les autres, qui ne savent plus lire, ont des germes de pomme de terre qui leur sortent des oreilles, ils ont le regard perdu, certains accompagnent une musique avec leur tête.

Qu'est-ce qu'ils écoutent ? La chanson *Je suis seul ce soir avec mes rêves* ?

Je me suis imaginé que j'allais avoir un malaise. Je suis sûr que si je mourais au milieu d'eux, ils ne s'apercevraient de rien.

Si je meurs je ne peux pas tomber, je n'ai pas la place, on est trop serrés, je resterai debout, à cause des autres qui me servent de tuteur.

J'ai besoin des autres pour tenir debout.

En revanche, à la station Père-Lachaise, là où tout le monde descend, je vais m'effondrer, il n'y aura plus personne pour me retenir. Je vais pouvoir aller rejoindre Sylvie.

Madame Sun Ygong a aussi besoin des autres pour tenir debout.

Elle est japonaise, elle n'a plus de famille, elle est très riche, elle est propriétaire d'un immeuble, et pourtant elle vole dans les magasins.

On l'a menacée de la mettre en prison. Elle a continué à voler.

Quand on l'a interrogée, elle a dit qu'elle voulait aller en prison.

Pour ne plus être seule.

Pour madame Sun Ygong, l'enfer c'est pas les autres.

Elle n'a pas eu de chance. Après plusieurs récidives, on l'a mise à l'isolement.

Quand il a su que j'étais seul, l'hôtelier a eu l'air déçu, il a fait la grimace. Il pense au manque à gagner. Un seul petit déjeuner, un seul couvert, au déjeuner et au dîner. À ma table, il pouvait mettre quatre personnes.

Nicolas fait des remises sur la deuxième bouteille, jamais sur la première. La SNCF fait des prix de groupe, des prix pour les couples, pas pour les gens seuls, jamais de proposition pour un week-end seul.

Il paraît qu'on n'invite pas non plus les femmes seules. Les légitimes ont peur qu'elles émoustillent leurs maris et que leurs maris, souvent partants, partent.

On se méfie des gens seuls, s'ils sont seuls, il y a une raison, ils sont durs à vivre ou pire : ils ont peut-être la rage.

L'homme seul monologue et soliloque, il s'enlise parfois dans ses pensées, il tourne en rond, il fait du surplace, il n'avance pas.

Je n'oserais pas dire que je ne m'ennuie jamais quand je suis seul avec moi, les mauvaises langues diraient que je me contente de peu. C'est vrai qu'il y a des autres avec qui je m'ennuie plus qu'avec moi.

Je n'aime pas être seul avec moi, je n'ai plus rien à me dire. J'ai l'impression de me répéter. On s'est tout dit, je n'ai plus un secret pour moi. Quelquefois, pour ne pas être seul, je suis prêt à tout. Prêt à demander l'heure, prêt à demander ma route, prêt à parler du temps…

Jusqu'à féliciter le maître pour son chien que je trouve affreux.

Est-ce que je serais prêt à vivre avec une sotte pour ne pas être seul ? Je ne crois pas.

Autrui nous aide à voir les choses différemment, à changer de point de vue, à élargir notre horizon, à douter, parfois il nous donne l'exemple.

Il nous permet d'exprimer nos idées, de les mettre à l'épreuve, il est la meule sur laquelle on peut les dégrossir, les affiner et les polir.

Si on n'a personne pour nous contredire, on finit par croire avoir toujours raison, et on commence à avoir tort.

Seul, on risque de radoter. Mais il faut bien choisir son autrui…

Tout ce qu'on sait, c'est souvent grâce aux autres, leur conversation, leur livre, leur œuvre…

Certains « autrui » sont des allumeurs de curiosité et de réverbères, ils nous aident à avancer dans le noir et à éclairer nos nuits.

Autrui peut être un marchepied, un tremplin.

Il peut nous élever, nous faire décoller…

Attachez vos ceintures.

Alter et Ego sont les acteurs principaux de la comédie sociale.

Ce sont des mots latins, Alter c'est l'autre, Ego c'est moi. Mon préféré c'est Ego, affaire de goût.

Ego et Alter sont obligés de cohabiter sur la terre, et c'est pas simple. Tout va bien quand ils s'entendent, quand ils se détestent, le pire est à venir.

En amour, Alter est un rival pour Ego. « Elle m'a quitté pour un autre. »

Ego est jaloux quand Alter fait du gringue à madame Ego. En revanche, il ne se prive pas de faire du gringue à madame Alter.

En sport, Alter est un adversaire, il veut être le premier. Pour gagner, Ego doit s'éloigner des autres, s'échapper du peloton.

En temps de guerre, Alter est un ennemi et Ego doit le tuer.

Dans la religion catholique, Alter c'est le prochain et Ego doit l'aimer comme lui-même.

Et s'il ne s'aime pas ?

Un *alter ego*, c'est quelqu'un qui vous ressemble, en moins bien.

Toute ma jeunesse je me suis entendu dire que j'étais le seul, et je l'ai cru.

Tu es le seul à ne pas avoir la moyenne. Regarde ton frère.

Tu es le seul à ne pas avoir fait ton lit.

Tu es le seul à ne pas avoir ciré tes chaussures.

Tu es le seul à ne pas avoir été chez le coiffeur.

Tu es le seul à t'habiller comme ça.

Pour faire romantique, à 14 ans, au lieu d'une cravate je mettais une lavallière.

Tu es le seul à ne pas faire comme tout le monde.

Dans mon métier de réalisateur et d'écrivain, mon désir a toujours été d'essayer de ne pas faire comme les autres, donner le téléphone à une vache, le vertige à un oiseau et péter, à tout vent, à tous les temps, dans une grammaire impertinente.

À l'occasion d'un documentaire sur l'identité, un pédopsychiatre avait déclaré qu'un enfant devenait vraiment lui la première fois qu'il disait non.

Comme je voulais être moi et pas un autre, j'ai souvent dit non.

En disant non on se sépare des autres, on désobéit, on s'expose à la solitude. Mais on gagne en liberté.

Quand on quitte les autoroutes, on divague dans les chemins buissonniers, on peut se perdre, quelquefois on trouve des fleurs sauvages.

Descartes a écrit « Je pense donc je suis ». Il aurait pu ajouter « seul » : « Je pense donc je suis seul ». Et pourquoi pas écrire : « Je suis seul, donc je pense ».

Quand on est seul, on pense, on réfléchit. C'est plus difficile avec les autres, à cause du bruit.

À plusieurs, on se sent obligé de parler, et quand on parle, on ne réfléchit pas toujours et parfois, pour plaire, on dit ce que les autres ont envie d'entendre.

Quand je suis seul, je me sens libre, je peux penser ce que je veux, je me réfugie dans mes pensées, j'ai comme on dit « la tête ailleurs ». J'adore avoir la tête ailleurs, divaguer, libérer les folies que j'ai dans le crâne.

Avoir des pensées saugrenues, inconvenantes, parfois inavouables.

Il n'y a pas de pensée interdite. Je veux être un libre-penseur.

Nos grands penseurs ont toujours revendiqué la liberté de penser.

Montaigne, Descartes, Voltaire et Florent Pagny, même combat.

Je n'ai pas envie des autres, j'ai besoin des autres.

J'ai besoin des autres, qu'ils aient confiance en moi, pour me donner confiance.

J'ai besoin des autres, qu'ils me sourient pour me donner envie de sourire.

J'ai besoin des autres, tout simplement qu'ils me rendent heureux.

Et qu'ils me donnent l'adresse d'un bon restaurant.

Je retiendrai, de ma vie, les autres qui m'ont appris des choses. Ma mère qui aimait les arts et me les a fait partager, les professeurs qui ont allumé en moi des curiosités, les amis qui m'ont fait découvrir un peintre, un musicien, un écrivain, un cinéaste…

J'ai toujours cherché dans mes amis des gens qui m'élevaient. J'avais pour Desproges plus que de l'affection, j'avais de l'admiration, son exigence, son souci du mot juste, de la phrase bien construite, son souci de la belle ouvrage m'ont servi quand, poussé par lui, j'ai commencé à écrire.

Qu'est-ce que j'ai apporté aux autres ?

C'est difficile de répondre à leur place, il faudrait leur demander…

Je pense à ma pauvre mère, ma pauvre grand-mère, mes pauvres fiancées, mes pauvres femmes, ma pauvre fille… Toutes celles sur qui je comptais pour être heureux.

Avec elles, j'ai partagé mes angoisses mais je les ai fait rire. Pour une fois je devenais altruiste.

Souvent des femmes.

Je préfère quand autre est du féminin.

J'ai choisi une fille comme psy, je me disais qu'une femme allait m'écouter avec plus d'indulgence et de bienveillance, elle me comprendrait mieux, elle ne me jugerait pas.

Les femmes me font moins peur que les hommes.

À la guerre les hommes tuent, les femmes soignent, elles sont infirmières. Elles savent consoler les enfants qui pleurent, faire des gâteaux, en plus elles ont la peau douce, elles ne piquent pas quand on les embrasse, et surtout elles ne croient pas toujours avoir raison, comme les hommes.

Les hommes parlent, les femmes savent écouter.

Et parfois, elles sont belles.

Je suis dans la salle des concerts à Arras, avec ma mère.

Un récital de piano. La pianiste est seule devant son clavier, elle n'a personne pour tourner les pages de la partition, la partition elle l'a dans la tête.

Elle est épanouie, elle adore Mozart, ses sonates pour piano, mais pas toutes.

Elle refuse de jouer la K 521 en *ut* majeur, et la K 448 en *ré* majeur. Pourquoi ?

Ce sont des sonates à quatre mains. Elle n'aime pas les mains des autres.

On m'a quelquefois proposé d'écrire un livre à quatre mains, j'ai toujours refusé. Comme si on me demandait de penser avec le cerveau d'un autre et de parler avec les mots d'un autre.

Elle ne joue pas non plus les concertos pour piano. Elle refuse d'être accompagnée. Elle ne supporte pas la présence des autres.

Elle est timide et sauvage, elle ne rit jamais, elle ne parle à personne, elle est dans son monde.

Elle est soliste, solitaire, et seule.

C'était superbe, un concert dans la cathédrale d'Arras, ils étaient au moins cent, des hommes, des femmes, des enfants. Ils ont chanté ensemble, en chœur, l'*Hymne à la joie* de Beethoven.

Ils n'avaient pas tous des voix extraordinaires, c'était des amateurs, mais ensemble c'était bouleversant.

Ce qu'on fait à plusieurs est quelquefois mieux.

Regardez les cathédrales, ils s'y sont mis à plusieurs pour les construire.

C'est quelquefois pire aussi…

Pensez à la tour de Babel et au concours de l'Eurovision…

Je suis seul ce soir avec mes rêves, chante Jean-Jacques Rousseau, le promeneur solitaire. Il était musicien, il a même composé un opéra, *Le Devin du village*.

Le promeneur solitaire n'est jamais seul.

Il fait des rêves surpeuplés.

Depuis que Sylvie a disparu, je la retrouve dans mes nuits, je rêve très souvent d'elle, et le matin je la cherche.

Le jeudi, j'allais à l'église, elle était vide et je mettais en route les petites orgues.

Dans l'église Saint-Nicolas en cité, il y avait deux orgues, les grandes orgues haut perchées dans la tribune, et à côté du chœur des petites orgues.

Je m'installais au clavier et je jouais. Je ne savais pas jouer, je faisais simplement des improvisations approximatives sur des morceaux que je connaissais, j'avais dans mon répertoire la *Toccata et fugue en ré mineur*, la *Symphonie inachevée* de Schubert et le concerto *L'Empereur* de Beethoven.

Même quand on ne sait pas jouer, l'orgue fait de l'effet, plus que le piano. Grâce à l'électricité, le son dure plus longtemps. Ce qu'il y a de bien sur l'orgue, c'est le tableau de bord avec des tirettes, où c'est écrit flûte, hautbois, on a tous les instruments qu'on veut, il y a aussi voix célestes, quand on tire dessus on entend chanter les anges.

J'aimais bien le grand jeu aussi, il faisait résonner toute l'église et il me donnait la chair de poule.

Après une improvisation sur sa *Symphonie inachevée*, j'ai imaginé que Schubert venait me féliciter et me demandait si j'accepterais de terminer sa symphonie.

J'ai dû refuser, ça n'était pas raisonnable, j'avais mon BEPC à préparer.

Les volets en fer de mes voisins sont encore fermés.

Mes voisins ne sont pas rentrés, pourtant on est dimanche soir.

Ils ne sont pas très sympas…

C'est difficile de vivre sans les autres, vivre avec les autres aussi. C'est toujours difficile de vivre.

Vivre avec un bavard quand on aime le silence, vivre avec quelqu'un qui aime la ville quand on aime la campagne, vivre avec quelqu'un qui aime la nuit quand on aime le jour, vivre avec quelqu'un qui aime le sud quand on aime le nord, vivre avec quelqu'un qui aime Wagner quand on aime Satie, vivre avec quelqu'un qui aime la viande bleue quand on l'aime très cuite, vivre avec une très grande quand on est très petit…

Chaque quart de seconde, sur terre, une femme met un enfant au monde. Faut absolument la retrouver et lui dire qu'elle arrête…

Sur terre il y a moi, étouffé par 6 milliards d'autrui. Et ça augmente, 232 000 habitants de plus chaque jour.

Faut pas s'étonner après, si on ne trouve pas de Caddie au supermarché.

La multitude devient le mal du siècle.

On est étouffé par la foule de la multitude, trente morts au stade du Heysel, mille morts au pèlerinage de La Mecque.

Trop de prochains, trop proches dans le métro à 18 heures.

Sur la route, des bouchons de plusieurs centaines de kilomètres, des files d'attente partout, au supermarché, au Mont-Saint-Michel, bientôt un péage pour entrer à Venise.

Les plus beaux coins du monde sont ravagés par des hordes de touristes. La beauté est bradée.

Au musée du Louvre à Paris, on ne peut plus voir les tableaux, seulement le dos de ceux qui photographient les tableaux.

Tourisme de masse, culture de masse. Une masse qui écrase tout…

Des files d'attente certainement devant les portes du paradis.

Bientôt plus de paradis, seulement l'enfer.

Nous sommes des millions à respirer, bientôt il n'y aura plus assez d'air.

Des millions à chercher le bonheur, bientôt il n'y aura plus de bonheur… Des millions de décibels, bientôt il n'y aura plus de silence.

Je préfère le silence de la solitude au vacarme de la multitude, la fraîcheur apaisante de la solitude à la chaleur étouffante de la multitude.

« Souffrir de la solitude est mauvais signe, je n'ai jamais souffert que de la multitude. »

C'est peut-être en rentrant à Weimar, une fin de week-end, au milieu des embouteillages que Nietzsche a eu l'idée de cette déclaration.

Pour lutter contre la multitude, combattre la démographie galopante, j'ai trouvé une solution radicale : introduire des troupeaux de loups.

Sachant que le taux moyen de mortalité de la population est de 12 pour 1000, le taux de natalité de 18 pour 1000 et qu'un loup mange un enfant par jour, 1 200 loups suffiraient à stabiliser la population de la France, soit 70 millions d'habitants.

Une solution qui devrait ravir les bergers.

Pendant que le loup mange un enfant, il ne mange pas un mouton.

Je suis un vieux loup solitaire,
Personne ne pense à moi.
Par vengeance, je ne pense à personne,
et tous les dimanches,
je dévore un gigot d'agneau
par méchanceté.

Quand je suis seul, je prends une douzaine d'huîtres, je suis sûr d'en manger douze.

Je suis devant la télévision, je peux choisir le programme.

Le téléphone sonne, je suis le premier à décrocher.

Je peux acheter une voiture monoplace.

Je ne suis pas obligé de me raser.

Je ne suis pas obligé de dire merci.

Je ne suis pas obligé de répondre, on ne me parle pas.

Je peux mettre la radio à fond.

Je ne suis pas obligé d'être poli.

Je ne suis pas obligé d'être gentil.

La nuit je peux dormir avec mon chien.

Et surtout j'apprends à me débrouiller seul.

C'est l'hiver, le pommier est vide, seule une petite pomme est restée accrochée tout en haut, elle est vieille, toute ridée, elle est seule, toute sa famille est en train de pourrir au pied de l'arbre.

Elle est la seule survivante de l'été.

Je me sens seul.

La solitude ça sent le renfermé, la naphtaline, le rance, le moisi, parfois le pourri.

Quand on est survivant on est encore plus seul.

Je suis la vieille pomme. Le seul survivant de notre couple, je vais devoir continuer à avancer seul.

Est-ce que j'en ai encore envie ?

Je me suis marié deux fois, pour ne pas être seul. La première fois, c'était le hasard, la seconde fois c'était le plus heureux des hasards.

C'est rare de trouver quelqu'un avec qui on rit des mêmes choses, quelqu'un pour qui le mot beau ait le même sens. Ça n'arrive qu'une fois dans la vie.

Ça m'est arrivé avec Sylvie…

« On aimait les même choses, les mêmes maisons, les mêmes gens, les mêmes vins, souvent les mêmes films, les mêmes fleurs, les mêmes chats… » J'ai dû écrire cette phrase à l'imparfait, le temps de ce qui est passé…

« Elle est tombée à l'automne, avec les feuilles, et le bruit que fait le bonheur en partant. »

La première fois, je suis devenu paysan, par amour de la culture, pour être seul dans la nature, derrière un cheval ou sur un tracteur, et pour les beaux yeux de la fille du fermier.

J'ai voulu reprendre la ferme de son père et courageusement j'ai labouré les grands champs de l'Artois, même la nuit.

Je passais des moments inoubliables sur le tracteur à labourer. Seul dans l'immensité de la nuit, je devenais le capitaine d'un bateau secoué par les vagues de la terre, ou alors j'étais Mermoz, le pilote héroïque d'un avion rugissant dans le pot au noir de la cordillère des Andes.

Je devenais un héros des temps modernes, le père nourricier d'une humanité roupillante.

Des oiseaux de nuit tournoyaient dans la lumière de mes phares. Je me souviens d'un gros oiseau qui s'était posé sur le capot, sans doute avait-il besoin de compagnie et de chaleur humaine ?

Ou bien simplement il était venu réchauffer ses petites pattes glacées sur le capot tiède de mon tracteur.

Quand j'étais deux, je pouvais acheter un poulet entier.

Quand j'étais deux, je pouvais commander une bouteille de vin, pas deux demies.

Quand j'étais deux, je pouvais parler du vin qu'on venait de boire et du film qu'on venait de voir.

Quand j'étais deux, je pouvais prendre deux places au cinéma.

Quand j'étais deux, je pouvais faire du tandem.

Quand j'étais deux, devant un tableau de Vermeer, je pouvais dire c'est beau, hein ?

Quand j'étais deux, dans ma voiture la place du mort n'était pas vide.

Quand j'étais deux, que j'accrochais un tableau, il y avait quelqu'un pour me dire s'il était droit.

Quand j'étais deux, je regardais moins la télévision.

Quand j'étais deux, j'avais moins peur le soir.

Et moins froid la nuit.

Cela dit je n'avais plus toute la place dans le lit.

Et je me faisais engueuler si je ronflais.

Je suis chez Nicolas.

Je vais acheter du vin. Avant je choisissais des vins rares, on s'amusait à faire des dégustations à l'aveugle.

Sylvie gagnait souvent, elle avait un fin bec, elle avait tout plus fin que moi.

Est-ce que maintenant que je suis seul, je dois acheter une demi-bouteille ? J'hésite. Il n'y a pas beaucoup de choix dans les demi-bouteilles. Finalement je me décide pour une bouteille. Je choisis un château Chasse-Spleen.

Je vais boire ma bouteille seul.

J'aurais plus de vin et moins de chagrin ?

Mon père a chassé son spleen à coup de Byrrh, Byrrh dont la publicité disait « La vie toujours plus belle à travers le Byrrh »…

Dans ses *Essais*, Montaigne conseille à l'homme de se réserver dans son domaine « une arrière-boutique, en laquelle nous établissons notre vraie liberté et principale retraite et solitude. C'est là qu'il faut tenir notre habituel entretien de nous avec nous-mêmes, parler et rire comme si nous étions sans famille et sans bien, afin que lorsqu'il nous arrivera de les perdre, ce ne soit pas une situation nouvelle que de nous en passer ».

Rien n'empêche d'avoir dans son arrière-boutique, tout le confort et quelques bonnes bouteilles de vins millésimés.

Je bois pour oublier, oublier que je suis seul.
J'ai bu plusieurs doubles whiskys.
Je suis saoul. Je vois double.
Quand je me regarde dans la glace, je suis rassuré.
Je ne suis pas tout seul.
Dans le langage populaire « Ne pas être tout seul » signifie être sous l'emprise de l'alcool.

On a sonné.

J'aime bien quand on sonne chez moi, c'est peut-être une surprise...

Je me précipite pour aller ouvrir.

C'est une surprise...

Une jeune femme charmante se présente. Bonjour monsieur Fournier, je m'appelle Claire, je suis envoyée par la mairie, je viens vous tenir compagnie.

Elle a dit ça avec un grand sourire, je lui ai dit merci, c'est gentil, je l'ai priée d'entrer.

Je suis étonné, j'essaye de comprendre, pourquoi elle vient me voir, moi ?

Je me souviens alors. L'année dernière, la mairie du XXe avait demandé des volontaires pour rencontrer des seniors seuls et leur consacrer quelques heures chaque semaine. J'avais pensé que c'était une expérience intéressante pour trouver des idées de personnage de roman.

Je m'étais fait inscrire comme volontaire.

Je n'avais jamais eu de nouvelles.

On avait dû garder mon nom et le mettre par erreur dans la liste des seniors qui bénéficiaient d'une assistance à domicile, ce qui me valait la visite de Claire.

Je l'invite à s'asseoir et lui propose un café.

Elle est charmante Claire, elle a un jean noir, un tee-shirt vieux rose et des yeux couleur d'huître, elle est émouvante. Malgré mon grand âge, j'ai encore des pensées impures.

Je lui explique que je n'ai pas toujours été seul, que j'ai fait plein de choses dans ma vie. J'ai côtoyé des jolies femmes à la télévision, je lui avoue avoir touché Elisabeth Taylor, à l'épaule, pour la faire entrer en scène, lors d'une retransmission du gala de l'UNICEF.

Je sens que je l'intéresse, elle écoute, amusée, peut-être un peu admirative. C'est moi qui lui tiens compagnie.

Je lui parle de moi, c'est mon sujet préféré. Je lui lis des passages de mes livres. Je lui parle de la noiraude, elle connaît, elle l'a vue, quand elle était petite. Elle adorait.

Je lui parle d'elle, qu'est-ce qu'elle fait dans la vie ?

Elle est étudiante en histoire de l'art, elle étudie la peinture religieuse du XIXe. Elle a l'air très savante, elle utilise des mots que je ne comprends pas toujours, elle va pouvoir m'apprendre des choses, me faire découvrir des nouveaux peintres.

Elle me propose de venir me tenir compagnie, deux heures par semaine.

Elle va m'éclairer, Claire.

Hier j'ai eu une apparition.

À la fenêtre de la maison d'en face, belle et fugitive, comme une vision.

Elle était maquillée avec beaucoup de subtilité, elle avait mis sa plus jolie robe, la rouge en soie, un petit collier en argent. Elle était superbe.

Elle était descendue dans la rue, elle était déserte.

Elle était entrée dans l'immeuble, il était vide. Toutes les salles étaient vides, il n'y avait personne.

Personne pour la voir.

Elle était bien déçue.

Si elle avait su elle ne se serait pas faite belle. Elle est rentrée chez elle, elle s'est enfermée dans sa chambre, elle s'est mise à pleurer dans le noir. Ses larmes ont dilué son joli maquillage.

Elle était seule, j'étais seul, je lui ai souri elle m'a souri, on est parti, en se tenant par la main, seule à seul.

Pour faire un pas de deux. Puis elle a disparu.

Claire m'a accompagné au Louvre, voir de la peinture du XVIIIe, elle a fait une thèse sur Greuze, elle est intarissable. Je sais tout sur Greuze maintenant, je sais qu'il est né en 1725 à Tournus, qu'il a peint la cruche cassée, le fils puni, la veuve inconsolable et la jeune fille avec un canari mort... Que Diderot l'aimait bien.

Nous sommes dans la salle presque déserte, où la jeune fille pleure son canari mort.

La jeune fille est émouvante, Claire, qui sait tout, m'apprend que son canari s'appelait Virginité...

Nous quittons la salle et nous nous retrouvons au milieu d'une foule énorme.

Elle est brune, elle est fine, elle est très jolie, elle doit être Italienne, comme elle ne parle pas on ne peut pas savoir, elle est réservée, peut-être un peu timide, elle a une robe noire, simple, elle n'a pas de bijou, elle n'est pas maquillée ou alors très délicatement. Tout le monde la regarde.

Certains regards égrillards de gros touristes en short la mettent mal à l'aise, récemment l'un d'eux lui a fait un clin d'œil.

Dans la journée elle est entourée d'une multitude d'admirateurs en pamoison qui la photographient. Ils ont fait souvent des milliers de kilomètres pour la voir. Il faut reconnaître qu'elle mérite le voyage.

La nuit, au contraire, c'est la solitude, elle est dans l'obscurité, elle s'ennuie.

Seul un gardien passe toutes les heures avec sa lampe pour voir si elle ne s'est pas fait la belle.

Elle irait bien rejoindre ses voisins dans le tableau d'en face. Ils font la noce à Cana chez Véronèse, ils sont nombreux, ils sont contents, la table est bien garnie, le vin coule à flots et puis surtout il y a Jésus. Il est de la fête, elle aimerait bien le connaître, il paraît que c'est un boute-en-train, mais elle n'a pas été invitée par Véronèse.

Quand elle a des crampes dans les bras et des fourmis dans les doigts, elle n'a pas la place pour s'étirer, son cadre ne fait que quarante centimètres de large et elle a un mètre cinquante d'envergure.

Malgré tout elle sourit toujours.

Claire étouffe, elle voudrait qu'on sorte, elle n'aime pas la Joconde. Je me demande si elle n'est pas un peu jalouse…

Léonard de Vinci a écrit : si tu es seul tu seras tout à toi.

Il est seul sur sa chaise dans la salle des portraits.

Aucun d'eux ne le regarde, les rois regardent au loin, les papes ont les yeux au ciel, les militaires scrutent l'horizon, le poète regarde les étoiles, Madame Récamier peinte par David s'assoupit, Monsieur Bertin, peint par Ingres, réfléchit.

Les visiteurs ne sont pas très causants et lui tournent le dos.

Ils font comme s'il n'existait pas.

Il s'ennuie, le gardien de musée, il pense à sa retraite.

Pour se consoler, sous sa casquette il écoute du rock.

Il est plus musique que peinture.

Le peintre est seul dans son atelier, assis devant son chevalet, il cherche l'inspiration. Sa muse est en RTT.

Et il ne sait à quoi se mettre.

Il regarde autour de lui.

Quelques pommes pourrissent dans une assiette, un bouquet de fleurs s'effeuille, une plume de paon se déplume, un oiseau mort se dessèche.

Rien ne l'inspire.

Les natures mortes, il en a marre, il a peint trop de pommes, mais les modèles coûtent cher.

Il peindrait bien une femme nue. Hélas, il n'en a pas une sous la main.

Alors il décide de faire son autoportrait.

Pour se distraire, ou pour voir ce qu'il y a dedans, il veut peindre sa pomme, avant qu'elle ne pourrisse…

L'être humain n'aime pas être seul. Comme la fleur a besoin de soleil pour éclore, l'homme a besoin de chaleur humaine pour s'épanouir. La solitude lui est pénible, quand il est seul, il s'emmerde.

Les architectes des logements sociaux ont ainsi des consignes strictes, ils doivent faire attention à ne pas trop insonoriser les cloisons. Les appartements trop silencieux donnent des angoisses aux locataires. Ils se sentent seuls et ce n'est pas bon pour leur moral. Le bruit des autres c'est la musique d'ambiance des pauvres.

Qui peut mieux combler le vide ? Un chien ou un fils ?

Faites une expérience.

Installez-vous sur le canapé, devant la télévision, entre votre fils et votre chien. Le chien ne regarde pas l'écran, il vous regarde avec dévotion comme si vous étiez le plus beau, le plus intelligent.

Vautré sur le canapé, votre fils ne vous regarde pas, il fixe l'écran.

Parfois, parce que vous avez toussé, il tourne vers vous un regard torve.

Qu'est-ce que vous remarquez dans ses yeux ? Rien, un vide sidéral.

Vous vous sentez encore plus seul.

Quand je pense à la solitude, j'ai un souvenir de jeunesse.

Une femme âgée erre dans les rues, à la main, elle a une laisse qui pend, avec rien au bout, seulement un collier vide.

Elle lui parle, elle lui dit des mots doux.

Elle s'arrête parfois au pied d'un arbre, comme pour laisser pisser un chien qui n'existe plus.

Elle est devenue folle de solitude.

Je pense à un dessin de Sempé : un paysage d'après-guerre, les arbres sont calcinés, arrachés, les maisons sont effondrées, les chaussées éventrées… Dans ce décor de fin du monde, une petite dame en noir colle sur le tronc d'un arbre décapité une affichette : « Perdu petit chat noir. »

Quand je pense à ma solitude je me souviens de Salomé, ma petite chatte avec qui j'avais construit un petit bonheur fragile, sur pilotis.

Elle n'était pas très affectueuse, ça tombait bien, moi non plus.

J'avais pour elle la tendresse qu'on a pour son ours en peluche. Je lui disais des mots doux que je n'ai jamais osé dire à personne, je l'appelais ma poupée, je lui disais qu'elle était belle, parce qu'elle était la plus belle du monde.

Depuis qu'elle est partie, elle est partout. Avant, elle n'était qu'à un seul endroit à la fois, maintenant je la vois partout.

Je me suis creusé la tête pour savoir ce que j'allais faire de ses cendres, j'ai trouvé.

Ma tête sera son urne funéraire.

J'ai récemment recueilli une petite chatte perdue, elle est blanche avec quelques taches noires artistiquement disposées. Je l'ai appelée Art Déco.

Quand je pense à la solitude, je pense à un poisson rouge. Il tourne dans son bocal, il est seul et rouge, le poisson rouge.

Il n'a pas de compagnie, il regarde à la télévision un reportage sur l'élevage des saumons.

Il voit les gigantesques bacs où frétillent des milliers de poissons. Il n'aimerait pas être à leur place, aucune intimité.

Il pense qu'il a bien de la chance de ne pas être bon à manger.

Il se console d'être seul.

La Noiraude pense être la seule à être malheureuse.

Qu'elle se rassure, finie la solitude.

Les fermes à mille vaches se multiplient.

Elles ne verront plus le ciel, mais elles ne seront jamais seules.

Elles vont pouvoir être malheureuses ensemble.

Quand je pense à la solitude, je pense à une vache. J'ai de plus en plus envie d'être une vache.

Elles ont l'air heureuses, je les envie, elles sont calmes, elles sont paisibles, elles ne sont jamais pressées, elles ne regardent pas toujours leur montre, elles n'ont pas de smartphone, elles ne sont pas énervées, elles font tout lentement, elles marchent lentement, elles mangent lentement, elles respirent lentement…

Tout le contraire de moi.

Mais je n'aimerais pas dormir dans une étable.

— Je voudrais parler au vétérinaire. Bonjour docteur, la Noiraude à l'appareil.

— Bonjour la Noiraude, qu'est-ce qui ne va pas encore ?

— Eh bien voilà, je ne supporte plus la vie en communauté. J'en ai assez de vivre en troupeau, je suis trop individualiste. La présence des autres me pèse, j'ai besoin de solitude.

— Le pré est assez grand… Vous pouvez vous isoler.

— Oui, mais le soir, il faut rentrer en troupeau et, la nuit, dormir toutes dans le même dortoir, j'aimerais avoir une chambre individuelle…

Mes voisins d'en face ont changé leurs rideaux, avant ils étaient en tulle, maintenant ce sont des gros rideaux en velours.

Même quand les volets sont ouverts, je ne vois plus rien, je ne peux même pas savoir si la lumière est allumée.

Je me demande s'ils ne l'ont pas fait exprès.

Nous sortons ensemble ce soir, j'ai essayé de me faire beau, Claire a réussi à se faire belle.

Partout une foule énorme, impossible de circuler, des embouteillages monstres, impossible d'avancer dans les rues bondées.

Nous avons mis une heure pour remonter la rue des Solitaires.

Je n'ai jamais vu tant de monde, pourtant ils étaient venus seuls, sauf nous.

Tout le monde nous regardait, Claire semblait un peu gênée, moi j'étais fier.

Je n'imaginais pas qu'on était aussi nombreux à être seuls.

Ce jour-là, le 23 janvier 2019, journée mondiale de la solitude, j'ai pris conscience que je n'étais pas seul au monde.

Une soirée récréative composée essentiellement de monologues et d'audition de pièces de musique pour instrument seul a clos l'événement.

La ministre de la Santé et des Solidarités, qui patronne cette journée mondiale de la solitude, était présente, vêtue d'un tailleur noir avec comme seul bijou un solitaire en pendentif.

Fort à propos, elle était venue, seule.

Je ne l'ai jamais autant appréciée, j'ai presque eu envie de l'embrasser.

Depuis plus d'une heure que Claire me bassinait avec Mondrian, j'attendais ce moment. Il est arrivé.

J'ai pris un air déçu qui devait mal cacher ma joie.

J'étais soulagé au-delà de tout. Elle a dit : « Je vais devoir partir. »

J'allais enfin me retrouver, tranquille, libre, enfin la divine solitude, grisante comme la liberté, enfin seul.

Plus de temps passé à faire semblant de comprendre, à acquiescer, à rire sans en avoir envie, à prendre l'air intéressé, sans l'être. « Faire semblant de s'intéresser à ce qui ne vous intéresse pas, ça courbature à l'intérieur », ont écrit les frères Goncourt.

J'ai ouvert le col de ma chemise, j'ai retiré ma cravate, j'ai respiré profondément, j'étais libre.

J'ai pensé à la liberté, je la retrouvais chaque année, après les grandes vacances que mes petits-enfants passaient chez moi.

Quand la porte se refermait, je poussais un long soupir, de soulagement. J'étais enfin seul, j'allais pouvoir faire l'inventaire des dommages.

Ils avaient cassé un accoudoir du fauteuil Louis XVI d'époque, la chaine haute-fidélité ne marchait plus, il y avait des disques par terre. Ils avaient fait des taches de chocolat sur les rideaux du salon et laissé des traces de doigts sur la tapisserie.

Dans une chambre dont le matelas avait été mis par terre, j'avais découvert un smartphone. Je l'ai jeté dans la poubelle.

Dans la piscine, des assiettes en plastique et des cartons de McDo flottaient. Dans l'atelier, la tondeuse ne marchait plus, le fil avait été coupé. Des outils étaient épars sur le sol, des pots de peinture étaient restés ouverts.

Le chat effrayé s'était sauvé, il n'est jamais revenu, en revanche les petits-enfants vont revenir, à Pâques.

Ce cauchemar récurrent ne me lâche pas.

Rien à l'horizon, une terre déserte et inhospitalière à perte de vue, des cailloux. Parfois, un rocher, des trous, au loin un lac sec. Je suis sur la Lune.

Un ami astronaute m'y a déposé, puis il est reparti, il avait oublié un outil sur la Terre. Il m'a demandé de l'attendre, il ne faisait que l'aller-retour.

J'ai été faire un petit tour. Je me suis assis au bord du lac sec. Tout est dépeuplé, aucun être vivant à des milliers de kilomètres à la ronde.

Je me sens un petit peu seul.

Il va revenir bientôt, il est parti depuis deux heures,

Je n'aime pas beaucoup être seul, j'adore la compagnie.

Ça fait quatre heures qu'il est parti…

Ça fait dix heures qu'il est parti…

Il ne reviendra pas.

Je vais mourir seul.

Une petite consolation, dans mon scaphandre une minuscule araignée verte se balance au bout de son fil.

Souffre-t-elle de la solitude ?

Elle n'a pas l'air, elle gambade, à quoi pense-t-elle ?

Je la regarde amoureusement, les yeux pleins de larmes.

Sommes-nous vraiment seuls dans l'univers ?

Il y a des milliards de planètes autour de nous, certaines sont peut-être habitées ?

Depuis longtemps les astronomes envoient des messages dans l'univers.

Au début, c'était des gentils messages : « Faites-nous signe, un petit coucou, on aimerait bien vous voir, on voudrait vous connaître, à l'occasion venez boire un verre… » Ils attendent toujours une réponse.

Au bout de ce long silence, le ton a changé. Les messages sont devenus moins chaleureux. Certains astronomes, agacés, se sont laissés aller à des écarts de langage, ils ont choqué toute la profession. Personne n'a oublié le « Montre-toi si t'es un homme » et surtout le dernier message du professeur Calys[1] : « Maintenant allez vous faire foutre. »

Adressé à tous les extraterrestres, il mettait un terme à une possible communication, il nous condamnait définitivement à une solitude sidérale.

---

1. *L'Étoile mystérieuse*, Hergé.

Les volets d'en face sont encore fermés. Mes voisins sont encore partis.

Quel égoïsme, je peux crever…

Je les déteste.

L'idée de partir seul m'a toujours chagriné. Penser que les autres restent, qu'ils vont continuer à rigoler sans moi, m'est insupportable.

Pourquoi on ne mourrait pas ensemble, il y en a bien qui naissent ensemble.

Pourquoi notre voyage le plus important, le voyage définitif, le grand départ, on est obligé de le faire seul ?

Pourquoi ceux qui s'aiment ne partent-ils pas ensemble, ce serait tellement plus gai...

Je rêve d'une fin du monde joyeuse, comme un départ en vacances.

Pourquoi ne prendrait-on pas le même train, le même avion, le même bateau...

Quand j'écris bateau, tout à coup je pense au *Titanic*.

Mais ce ne serait pas simple de se mettre d'accord sur l'heure du départ.

Quand Sylvie est partie, si on m'avait proposé de partir avec elle, est-ce que j'aurais accepté de prendre le même train ?

Je suis en gare d'Arras.

J'attends l'arrivée du train pour Paris, où je fais mes études, je prépare l'entrée à l'Institut des hautes études cinématographiques.

Du nord souffle un vent glacial. Il fait très froid.

La gare est déserte, seul un agent de la SNCF, congelé, bat la semelle sur le quai, il expire de la fumée blanche.

L'attente est pénible. Je suis anxieux. Je voudrais savoir à quelle heure le train arrive.

J'interroge l'agent. Le train a-t-il de l'avance, du retard ?

L'agent m'a rassuré : « Non, pas d'avance pas de retard, il est à l'heure. »

Mon heure est venue…

Je m'attends au pire.

Je pense à la solitude du condamné à mort.

L'agent a ajouté : « Là où vous êtes, vous ne pouvez pas le louper. »

Je suis ligoté sur les rails.

Sachant que le Lille-Paris a quitté à 9 h 30 la gare de Lille-Flandre, qu'il roule à 130 km/h et qu'Arras est à 60 km de Paris, si tout va bien, je serai déchiqueté par le Paris-Lille à 10 h 48 et 36 secondes.

Après avoir essayé de faire mon trou à Paris, j'ai rêvé de solitude.

J'aime être seul au milieu des vastes horizons vides qui m'entourent. Les autres m'agacent.

Quand quelqu'un m'approche, je m'éloigne.

Pour m'isoler, j'ai décidé de creuser un grand trou.

Je creuse depuis plusieurs heures, je suis ruisselant de sueur. Le bruit de ma pioche scande le grand silence.

Le trou fait un mètre de profondeur, je continue à creuser.

Le trou fait maintenant deux mètres… On ne me voit plus. Je mesure 1,80 mètre. J'arrête de creuser. Je suis au fond du trou.

Je voudrais en sortir.

Je n'y arrive pas tout seul, il me faut de l'aide…

Je demande d'abord timidement : « S'il vous plaît, il y a quelqu'un ? » Puis de moins en moins timidement. J'ai viré le s'il vous plaît et j'ai hurlé : « Bande de salauds, vous voulez me laisser crever… tout seul. »

Nous allions souvent, Sylvie et moi, nous promener au Père-Lachaise qui est près de chez nous.

Nous étions en repérage. Nous cherchions un petit coin tranquille pour notre éternité.

Il l'a trouvé son coin tranquille dans un endroit même pas signalé sur les cartes.

Il n'y a aucune maison à proximité, ni à l'horizon.

La première chose qu'il a faite c'était de l'isoler.

Il ne voulait pas entendre le monde extérieur.

Il a muré les fenêtres.

Il ne voulait pas voir le monde extérieur.

Sur la porte il a mis une plaque gravée : ICI REPOSE...

Pour qu'il puisse reposer en paix.

Pendant la canicule je suis moins seul, on m'appelle.

J'ai eu un coup de téléphone ce matin, la mairie me demandait si je buvais régulièrement de l'eau et on m'a conseillé de prendre soin de moi.

Je n'aime pas le mot soin. Je pense à soins intensifs, soins palliatifs…

Comme si j'allais mourir demain.

Claire m'a appelé pour savoir si j'avais écouté cette nuit à 3 heures du matin, sur France Culture, une émission passionnante sur la physique quantique.

Elle a conclu par un : « Portez-vous bien », expression que j'ai en horreur.

Après mon baccalauréat, je voulais être comédien.

Avant de monter à Paris je m'étais inscrit au conservatoire d'art dramatique d'Arras, j'ai été reçu par le professeur d'art dramatique qui s'appelait monsieur Platel. Il m'a proposé de lui lire un texte. J'ai choisi *Le Misanthrope*, le rôle d'Alceste. Je me souviens encore des passages : « Le dessein que j'ai fait de fuir tous les humains… dans mon désert, où j'ai fait vœu de vivre… Et chercher sur la terre un endroit écarté. »

Pour mon enquête sur la solitude, je voulais rencontrer un ermite. J'ai été en chercher dans le désert, j'ai marché des jours, j'ai marché des nuits.

Enfin j'en ai aperçu un, très loin.

Il a dû me voir, il a fait des signes avec les bras, il devait me faire signe d'approcher. J'ai marché longtemps à sa rencontre, longtemps...

Quand j'ai été à sa portée, il m'a foutu un énorme coup de poing dans la gueule. Je me suis évanoui.

Il voulait vraiment être seul.

Quand j'étais à Saint-Joseph, j'ai fait une retraite chez les moines de Wisques, des Bénédictins. À l'époque j'étais très attiré par la vie monacale, je trouvais l'architecture des abbayes superbes, j'adorais les cloîtres, j'ai appris plus tard que les cloîtres étaient des modèles réduits du paradis. J'aimais les chants grégoriens, j'admirais les moines, je les enviais. Je rêvais de leur vie calme, moi qui étais toujours énervé, révolté, jamais content de moi, j'aurais tout donné pour connaître leur sérénité et leur goût de la solitude.

Ce que, soixante ans plus tard, je cherche encore désespérément.

J'en ai assez des orages, des tempêtes, de ma vie fatigante où bonheur et malheur se succèdent à un train d'enfer.

Enfer ou ciel qu'importe, je veux toujours du nouveau…

Je ne sais pas me contenter du présent…

Quand j'ai chaud j'ai envie d'avoir froid.

Quand j'ai froid j'ai envie d'avoir chaud.

Quand je suis seul j'ai envie d'être avec quelqu'un.

Quand je suis avec quelqu'un, j'ai envie d'être seul.

Je suis retourné récemment à Solesmes. J'ai observé les moines, que se passe-t-il sous leur capuche ?

Un dessin de Reiser : un monastère, dans le cloître une procession de moines encapuchonnés défile, le dernier a une bulle qui s'échappe de sa capuche : « Je m'emmerde. »

Le moine est seul dans sa capuche, il soliloque, comme dans une cabine téléphonique.

À qui parle-t-il ?

À Dieu certainement. Il sait que Dieu sait tout, alors il lui pose des questions.

Est-ce qu'il y aura des frites au déjeuner ?

Dieu seul le sait…

Au début on devait être une trentaine dans la salle, j'étais là un peu par hasard, Claire m'y avait traîné. Le thème de la conférence était : Essai d'ontologie phénoménologique…

J'ai d'abord essayé de comprendre, mais je me suis vite résigné, la conférence était pourtant en français mais les mots choisis m'étaient étrangers, comme ils devaient l'être vraisemblablement pour une partie du public, sauf peut-être pour Claire qui semblait être captivée.

L'assistance toussait, remuait sur sa chaise, jusqu'à ce qu'un auditeur plus courageux que les autres quitte la salle, puis deux, puis trois.

Le conférencier ne semblait pas s'en soucier, imperturbable il continuait son discours, il ne voulait pas se faire comprendre, et il réussissait parfaitement.

Claire et moi étions les seuls qui restaient, nous fûmes les derniers à partir. J'entraînai Claire.

Il continuait à parler seul, avec ses mots compliqués, je me souviens encore des derniers mots entendus : c'était assertorique et aporétique.

J'étais assistant-réalisateur à la télévision. Au pupitre en régie finale, j'assurais la diffusion, le contrôle de l'antenne et je devais répondre aux téléspectateurs qui appelaient.

La téléspeakerine est seule dans le studio, à côté de son vase de glaïeuls, devant la caméra. Elle s'est faite belle, elle a un joli corsage rose, mais personne ne peut le voir, la couleur n'a pas encore été inventée. Elle annonce, en noir et blanc, le programme de la soirée.

Pour la dernière fois.

Demain elle ne sera plus là. Elle a reçu sa lettre de mise à la retraite.

Elle a le cœur gros, c'est le dernier jour où elle est dans la lumière, le dernier jour où on l'écoute, où on la regarde.

Avant de faire ses adieux, elle a voulu en profiter.

Dire tout ce qu'elle était, elle qu'on appelait la femme-tronc, elle allait nous montrer ses jambes et ouvrir son cœur, nous parler de ses amours, nous parler de sa vie, de ses déceptions, elle aurait voulu être comédienne…

Demain on ne la verra plus, elle sera dans le noir.

Elle a continué à parler, une bonne partie de la nuit devant une caméra éteinte, dans la pénombre, et dans la solitude

On avait demandé au gardien de nuit de la laisser tranquille.

Je ne comprends toujours pas comment l'adjectif SEUL peut se mettre au pluriel. « Le pluriel ne vaut rien à l'homme et sitôt qu'on est plus de quatre, on est une bande de cons », chante Brassens. L'homme au pluriel est souvent vulgaire et débraillé. L'homme au singulier est plus distingué et moins bruyant. En revanche j'aime bien quand l'adjectif seul se met au féminin, le *e* lui va bien.

Les femmes seules sont émouvantes. J'adore leur regard triste. On a vraiment envie qu'elles ne soient plus seules.

Avec elles on peut espérer être moins seul…

Dans le rosier de mon jardin roussi par l'été, une tache rose.

La dernière rose, elle est superbe, on la remarque, elle est triste et belle, comme une femme seule.

Bientôt on va la couper, elle va terminer ses jours seule dans un soliflore.

Mes voisins sont repartis, j'en ai marre, moi aussi je vais laisser mes volets fermés.

Exprès, pour les inquiéter.

Qu'ils croient que je suis mort.

Mais certainement qu'ils s'en foutent.

J'avais réalisé pour la télévision un documentaire sur les scènes de ménage, j'avais reçu à ce propos un courrier touchant. Une femme parlait de son couple. Ils étaient mariés depuis vingt ans, ils avaient régulièrement des scènes de ménage, mais depuis un moment elles avaient cessé. Elle avait alors compris que c'était définitivement fini entre eux.

Ils sont arrivés au restaurant à 13 heures. Elle s'était faite belle. Ils se sont installés à la table à côté de la mienne.

À 13 h 15, elle a dit : Je peux avoir du vin ?

À 13 h 25, il lui a dit : Tu peux me passer le sel, s'il te plaît.

À 13 h 40, elle lui a demandé si son rognon était bon, il a dit : Pas mauvais.

À 13 h 45, il lui a dit : Je pourrais avoir du pain, s'il te plaît.

Il me regarde souvent, je suis tranquille, je déjeune en lisant mon journal.

Peut-être qu'il aimerait être à ma place ?

À 13 h 55, elle lui a dit : Tu veux un dessert ?

Il a répondu : Non merci.

À 14 h 10, ils sont partis, après avoir pris un café.

Ils sont mariés depuis trente ans.

Ils n'ont plus rien à se dire.

La solitude est-ce la pire ou la meilleure des choses ?

Ça dépend de l'autre.

Quelquefois c'est mieux quand il n'y a pas d'autre… Et j'ai fini ma demi-bouteille de vin, satisfait.

Ils sont en face de moi dans le train.

Un couple banal, ils ont une trentaine d'années et des survêtements, ils sont gros. Ils ont des écouteurs sur les oreilles, leur regard est vide. Ils ne sont pas très beaux.

Qu'est-ce qu'elle lui trouve ?

Avec lui, elle se sent moins seule.

Qu'est-ce qu'il lui trouve ?

Avec elle, il se sent moins seul.

Ils regardent un film sur leur ordinateur.

Antoine de Saint-Exupéry a écrit : « aimer, ce n'est pas se regarder l'un l'autre, c'est regarder ensemble dans la même direction ».

Ils doivent s'aimer…

Je vais inviter mes voisins à dîner samedi soir, comme ça ils ne pourront pas partir en week-end.

Finalement ce sont mes voisins de la maison d'en face qui m'ont invité avec plusieurs couples de leurs amis, nous sommes nombreux, quatorze autour de la table. Je suis le seul à être seul.

Leurs amis ne sont pas désagréables, quelquefois intéressants, quelques femmes sont charmantes, ils sont gentils et bien élevés, ils se connaissent tous.

Je suis un peu l'attraction, le nouveau qu'on ne connaît pas.

Pourquoi m'ont-ils invité ?

Parce que je suis le seul à être seul ?

Mon seul intérêt, ma seule qualité, ce serait ma solitude ?

On se contente de moi, je suis une présence, je leur donne l'occasion de faire une bonne action, il est tout seul le pauvre… mais le pauvre, il ne veut pas de ça, il préfère être tout seul. Il ne veut pas de pitié, l'homme seul, ni de bon cœur ni de charité.

Je m'ennuie un peu, les vins sont très bons, je leur fais honneur.

Soudain, une lumière. Je viens de comprendre pourquoi je suis là.

Sans moi ils étaient treize à table.

Quand j'étais jeune, le week-end était une cigarette blonde, il sentait bon le tabac blond de Virginie, maintenant le week-end sent la solitude.

Pourquoi le dimanche paraît plus long qu'un jour de semaine ?

Les aiguilles avancent plus lentement.

Peut-être que les pendules se reposent le dimanche.

Surtout celle de la salle d'étude de l'institution Saint-Joseph, à Arras, où je suis régulièrement en retenue, tous les dimanches, parce que, toute la semaine, j'ai fait l'imbécile.

Pendant que mes petits camarades, élèves dociles, se détendent à la campagne, je fais des lignes, des mètres, des décamètres, des hectomètres de lignes, j'ai dû arriver au kilomètre… pour répéter la même chose, à tous les modes, à tous les temps : « Je ne dois pas faire rire mes camarades pendant les cours. Je ne dois pas faire rire mes camarades pendant les cours. Je ne dois pas faire rire mes camarades pendant les cours. Je ne dois pas… »

Damia chante dans ma tête, une chanson qui a causé beaucoup de suicides…

« Sombre dimanche… les bras tout chargés de fleurs

Je suis entré dans notre chambre le cœur las

Car je savais déjà que tu ne viendrais pas

Et j'ai chanté des mots d'amour et de douleur. Je suis resté tout seul et j'ai pleuré tout bas

En écoutant hurler la plainte des frimas…

Sombre dimanche

Je mourrai un dimanche où j'aurai trop souffert

Alors tu reviendras, mais je serai parti… »

Sombre dimanche, je suis seul. Sombre dimanche, je m'ennuie, la télévision est en panne, le cubi de rosé est vide et mon ver est solitaire.

Je voudrais voir du monde, je sors.

J'ai envie d'un café, j'appuie sur le bouton expresso sans sucre, je mets une pièce dans la machine, je regarde le filet de café qui coule dans le gobelet en carton, je bois mon café puis avant de partir, je dis merci et au revoir Madame à la machine à café.

J'ai ramassé mes billets, j'ai dit le compte est bon, j'ai souhaité bonne journée au distributeur de billets qui ne m'a rien souhaité.

J'ai pris de l'essence dans la station-service automatique, j'ai appuyé sur le bouton super. J'ai payé avec ma carte. Je n'ai pas laissé de pourboire.

J'ai croisé un passant, je lui ai dit bonjour, il ne m'a pas répondu. Il avait un casque sur les oreilles.

Tout est fermé, les portes, les volets, les visages.

Alors je me suis jeté dans le canal, en disant adieu la compagnie.

Le progrès, un élan vers le pire et la solitude ?

Je me suis retrouvé dans un studio de France 3 Nord Picardie, vide, devant une caméra, sans caméraman. Je devais sourire à une caméra accrochée au mur et lui parler de mon livre, j'avais l'impression d'être devant une caméra de télésurveillance, celles qu'on accroche au plafond pour filmer les malfaiteurs. J'ai rien fait de mal, seulement un livre.

Le conducteur de TGV est tout seul dans sa cabine. Le voyage lui paraît plus long, pourtant le train va de plus en plus vite. Quand ils étaient deux, le voyage paraissait deux fois plus court.

Bientôt on sera seul dans les taxis sans chauffeur.

À qui va-t-on pouvoir raconter nos malheurs ?

À notre smartphone ?

J'ai hérité d'un tandem.

Il rouille dans ma cave.

Dans ma maison à la campagne, j'ai des chambres d'amis, mais je n'ai plus d'amis.

Les volets d'en face sont encore fermés.

Je pense qu'ils sont là, et qu'ils les laissent fermés pour m'inquiéter.

Ce sont des sadiques.

Combien ça pèse la solitude ?

Difficile à dire.

Le poids spécifique de l'eau c'est 1.

Le poids spécifique de l'or c'est 19,6.

C'est lourd à porter l'or, mais ceux qui en ont beaucoup trouvent beaucoup d'amis pleins de sollicitude pour les aider.

La solitude est encore plus lourde et c'est une charge qu'on doit porter seul.

On ne se sent pas seul dans une bibliothèque.

On n'est jamais seul quand les autres vous écrivent, quand on a des centaines de livres de poche, en poche : Les *Pensées* de Pascal, les *Pensées* de Pierre Dac, les *Essais* de Montaigne, les pièces de Molière, les pièces de Ionesco, les dessins de Dürer, les dessins de Reiser.

Et tous les Tintin.

On n'est jamais seul dans une discothèque, avec les œuvres complètes de J.-S. Bach, les cent trois symphonies de Haydn, les quarante et une symphonies de Mozart, les centaines de *lieder* de Schubert...

Quand je suis seul, que j'écoute les sublimes plaintes des trios de Schubert, je ne suis plus seul à être triste, ma tristesse et ma solitude deviennent douces, je ne suis plus seul à pleurer et je laisse couler, avec délice, des larmes tièdes.

Pas assez d'une vie pour tout écouter... Jamais seul avec les chansons de Brassens, de Gainsbourg, de Trenet, parce que « Bonjour, bonjour les hirondelles, il y a de la joie, partout il y a de la joie ».

Et puis la radio que j'écoute la nuit, la radio qui me parle à l'oreille, France Culture qui m'aide à m'endormir, intelligemment.

Les artistes sont corvéables à merci, ils nous servent leurs œuvres sur un plateau, de platine, 7 jours sur 7, 24 heures sur 24… C'est pas comme les plombiers qui ne sont jamais libres.

Au milieu du fracas de l'océan, Bombard, naufragé volontaire, lisait les partitions des suites de Bach pour violoncelle.

Jean-Paul Kauffmann, otage au Liban, se récitait dans sa prison la classification des crus du Médoc de 1855.

Michel-Ange peignait le plafond de la chapelle Sixtine.

Rainer Maria Rilke écrivait une lettre à un jeune poète.

« Et fussiez-vous même dans une prison dont les murs ne laisseraient parvenir à vos sens aucune des rumeurs du monde, n'auriez-vous pas alors toujours votre enfance, cette délicieuse et royale richesse, ce trésor des souvenirs ? Tournez vers elle votre attention. Cherchez à faire resurgir les sensations englouties de ce vaste passé ; votre personnalité s'affirmera, votre solitude s'étendra pour devenir une demeure de douce lumière, loin de laquelle passera le bruit des autres… »

Si vous n'êtes ni musicien, ni écrivain, ni peintre, pour meubler votre solitude vous pouvez compter vos sous.

Si vous êtes fauché, comptez vos cheveux…

À la campagne on n'est jamais seul, il y a toujours un bruit, un cri, un chant, qui rassurent. L'été, il y a le chant des oiseaux, le bourdonnement des abeilles et l'odeur des fleurs, profitons-en.

Bientôt la campagne sera silencieuse et vide. Les insectes disparaissent, les oiseaux n'ont plus rien à manger. La nuit, les oiseaux de nuit, aveuglés par les lumières des villes, s'éteignent.

Si les oiseaux disparaissent, je n'ai plus envie de rester sur terre. Je préfère me tirer, avec eux, à tire-d'aile.

Je suis quelque chose qui vole, une feuille de papier entraînée par le vent, un drôle d'oiseau. « Un peu héron dérisoire vissé au sol par un vertige incurable, un peu albatros baudelairien claudiquant sous les nuées.[1] »

Un paon, quand je mets mon beau costume, un aigle, rarement, j'ai le vertige, plus souvent un héron dérisoire, parce que je suis mal coiffé, j'ai un épi, une mèche de cheveux qui refusent d'aller dans le sens des autres…

Difficile à caresser, je suis un oiseau sauvage, un oiseau qui n'en fait qu'à sa tête, va où il veut, fait ce qu'il veut.

Un oiseau souvent agacé par les autres, difficile à apprivoiser, un oiseau qui a peur des autres, mais qui a besoin des autres, pour entendre dire qu'il a une belle plume, un oiseau qui a peur de ne pas être seul, mais autant peur d'être seul.

La solitude c'est la rançon de la liberté.

Je ne suis pas fidèle, je veux conserver ma liberté. J'ai peur des cages. Être seul c'est être libre.

---

1. Pierre Desproges.

Difficile à attraper, même si on me met du sel sur la queue.

Je me souviens d'une professeure de faculté qui avait des vues sur moi, elle voulait que j'assiste à un de ses cours, elle m'avait accompagné vers sa classe. Sur le chemin, j'ai senti sa main froide et glacée, qui semblait de fer, se refermer sur ma main. J'ai eu envie de hurler, de me sauver, de me débattre.

Un oiseau pris dans un piège.

Je suis seul devant un détecteur de mensonge. Il s'est mis à sonner d'une façon assourdissante.

Je venais de dire :

« J'aime être seul. »

Je n'arrive pas à l'arrêter.

Tout le monde va savoir que je suis un menteur.

Les volets de la maison d'en face sont encore fermés, pourtant il est midi.

Les salauds, ils vont me le payer.

Nous sommes le 31 décembre, un arrondissement populaire de Paris.

Une petite boucherie-charcuterie.

La cliente est une vieille dame, modeste, effacée, le boucher est jovial.

Elle lui demande une tranche de jambon, fine, elle dit : une centaine de grammes. Il coupe, il pèse : cent vingt grammes, je laisse ?

Elle dit oui, il ajoute :

« Un jour comme aujourd'hui ! »

Elle paye, il lui souhaite bon réveillon.

Elle répond : « Ce sera calme. »

Je suis seul à Noël, je suis seul au Nouvel An, je suis seul à Pâques et à la Trinité…

Je suis toujours seul.

Pourquoi on ne m'invite jamais ?

Je préfère ne pas me poser la question.

Une grande bâche recouvre la maison de mes voisins d'en face, comme si elle avait été emballée par Christo.

Ils font le ravalement de leur façade.

Je ne peux plus voir leurs fenêtres, savoir s'ils sont là…

Ma mère est dans une forêt, debout devant un grand arbre, comme un soldat au garde-à-vous. Il n'y a personne autour d'elle. Elle se tient bien droite au milieu de la photo, elle a un bras derrière le dos et l'autre qui pend le long de son corps.

Étrange photo, je ne sais qui l'a prise.

S'il fallait lui donner un titre, comme à un tableau, on l'appellerait *Femme seule dans une forêt.*

On ressent plus la solitude que la forêt.

Je pense à ma mère, à ses longues années de solitude.

À ses longues soirées d'hiver.

Dans le tourbillon de la jeunesse, on n'imagine pas que ça existe. On comprend plus tard.

Je sais maintenant ce que veut dire le mot solitude.

J'ai de plus en plus besoin de mon chat.

Ma mère a souvent été seule. D'abord, avec ses vieux parents, puis plus tard après son mariage.

Seule dans une ville hostile pour la femme du docteur qui buvait.

Seule le dimanche à côté d'un mari qui ronflait devant une TSF qui commentait un match de foot.

Seule le soir à attendre un mari qui rentrait tard,

seule la nuit à côté d'un mari qui cuvait.

Seule quand ses fils sont partis,

seule quand sa mère est morte,

seule quand sa fille s'est mariée.

Seule quand elle a quitté sa grande maison pour un petit appartement moderne.

Elle qui aimait le silence, elle en venait à se réjouir d'avoir au-dessus d'elle le tapage des enfants des autres.

Je deviens sourd, je n'entends pas quand on me parle.

J'ai été me faire appareiller chez Audica.

Je n'entends toujours pas.

Normal, personne ne me parle.

L'hiver on est encore plus seul.
L'été, je ne me sens jamais seul.
Grâce à elle.
Elle est toujours à mes côtés.
Elle m'accompagne, discrète.
Elle ne me quitte jamais.
Elle marche à côté de moi, elle court à côté de moi, elle s'arrête à côté de moi.
Dommage, elle ne parle pas,
Mon ombre.

Pas grand monde dans la rue, je me fais dépasser par quelques gens pressés qui me disent : On se rappelle…

Ils veulent me faire croire qu'ils auraient envie de bavarder avec moi. En réalité ils ont mieux à faire, ailleurs.

Ils ne rappellent jamais. Ils m'ont oublié.

Je déteste les jours fériés avec tous les magasins fermés et les longs week-ends avec des ponts.

Des ponts d'où j'ai envie de me jeter.

Tous les volets de mon quartier sont fermés. Ils sont tous partis en vacances.

J'espère qu'ils vont avoir mauvais temps, ou une canicule insupportable.

Je déteste les gens qui partent, et me laissent seul.

J'ai l'impression qu'ils m'abandonnent.

Pour moi, les autres sont sur terre pour me tenir compagnie.

Mon égoïsme forcené me ferait presque leur souhaiter à leur arrivée dans leur maison de campagne des mauvaises surprises.

Une inondation dans la salle de bains, une impressionnante fissure dans un mur porteur, un trou dans la toiture, la cuisine envahie par les rats, le débordement de la fosse septique qui empuantit l'air, la pelouse dévastée par une horde de sangliers belliqueux, le cadavre d'un cheval qui marine dans la piscine…

Enfin tout, qui leur donnerait envie de revenir rapidement.

Je promets de les accueillir à leur retour avec une sincère compassion.

J'ai honte, j'essaye de me raisonner, rien à faire, j'ai une peur panique d'être seul, de l'abandon.

Un train qui part, un avion qui décolle, un bateau quittant le port, des mouchoirs qu'on agite et dans lesquels après on pleure. C'est toujours une souffrance, comme un arrachement.

Quand quelqu'un part j'ai toujours peur de le perdre, qu'il ne revienne pas.

J'entends encore, cinquante ans plus tard, les cris déchirants de la petite fille à Venise, elle avait perdu ses parents dans la foule sur le pont du Rialto.

L'enfance imagine toujours le pire, a écrit Cocteau.

J'ai souvenir quand j'avais 10 ans d'avoir promis à Dieu d'être prêtre si ma mère, qui était en retard, rentrait.

Elle est rentrée, et je ne suis pas prêtre.

Je pense à Jésus, à son pathétique : « Père, pourquoi m'as-tu abandonné ? »

Qu'est-ce que je crains le plus : être seul, être abandonné ou être oublié ?

Être oublié est peut-être le pire.

Quand je suis seul, je peux toujours imaginer que quelqu'un pense à moi.

Quand je suis abandonné, je peux toujours imaginer qu'on me regrette, qu'on a des remords.

Quand on m'a oublié, il n'y a rien à imaginer.

Comme si je n'avais jamais existé.

Le pire c'est que je ne peux même pas en vouloir à celui qui m'a oublié, il ne le fait pas exprès.

— Tu as des nouvelles de Fournier ?

— Non.

— On ne parle plus beaucoup de lui.

— Peut-être qu'il est mort ?

— On le saurait.

— Pas sûr…

Il faut que je me résigne à voir la vérité en face.

Je dois me rendre à l'évidence : je ne suis pas inoubliable.

Il y a soixante-dix ans, on m'a oublié dans un magasin.

Un petit garçon brun coiffé en brosse, avec un pull-over rouge, attend sa maman à la caisse du magasin.

Soixante ans plus tard, ce n'est pas ma mère qui m'a perdu, c'est moi qui ai perdu ma mère.

Elle est morte, subitement, elle n'a pas souffert, elle avait 82 ans, me voilà orphelin.

J'ai voulu lui écrire un compliment.

Je l'ai lu à l'église, devant son cercueil.

« Maintenant que tu es arrivée à l'ultime étape d'une vie difficile et que tu t'absentes définitivement, j'ai eu envie, comme au bon temps de la fête des mères, de te faire un dernier compliment.

Je sais que tu étais fière de nous, ta famille, aujourd'hui tes enfants et petits-enfants disent bien haut, pour que tout le monde l'entende, qu'ils ont été très fiers de t'avoir eu comme mère et grand-mère.

Il était passionnant de discuter avec toi, du dernier livre, du dernier film… Ta largeur d'esprit t'a permis de comprendre une époque qui n'était déjà plus la tienne, et si tes artères avaient vieilli, tes idées jamais.

Grâce à toi, j'espère que nous ne mourrons pas idiots. »

Le 10 mai 1978, après la mort de sa mère, Roland Barthes avait écrit : « La solitude où me laisse la mort de *Mam* me laisse seul, dans des domaines où elle n'avait point part : ceux de mon travail. Je ne puis lire des attaques sans me sentir lamentablement plus seul, plus abandonné qu'avant.

Pourquoi est-ce que je ne supporte plus de voyager ? Pourquoi est-ce que je veux tout le temps, comme un gosse perdu, rentrer chez moi, où pourtant Maman n'est plus là ? »

Ma mère est morte, je suis un gosse perdu, personne ne viendra plus me récupérer à la caisse du magasin,

Tout enfant abandonné sera détruit.

Il m'a dit : on va t'envoyer le décompte, tu entreras à la fin. Il m'a dit merde, et il a quitté la loge.

Je suis resté seul devant la glace, le décompte a commencé, je ne m'étais jamais senti aussi seul.

Comme le parachutiste, debout devant la porte ouverte de l'avion qui regarde le sol et attend le décompte…

Qu'est-ce qui m'a pris d'accepter, de venir ici, je n'avais pas besoin de faire ce spectacle. Je faisais un livre par an, que je vendais bien. J'ai eu un moment la tentation de me sauver.

À zéro, je me suis jeté dans le noir. J'ai dû écarter à tâtons plusieurs rideaux, et je me suis retrouvé brutalement dans une lumière aveuglante, comme le nouveau-né qui arrive sur terre et qui crie.

Heureusement, je n'ai pas crié, j'étais seul en scène, devant eux.

Il devait y avoir une centaine de personnes, à cause des projecteurs je ne les voyais pas, mais eux me voyaient.

Dans un *one man show*, le terrible, c'est d'être le *one man*, seul devant les autres, seul contre tous, la partie n'est pas égale.

Pendant une heure j'allais devoir les intéresser, avec mon spectacle « Tout enfant abandonné sera détruit », les émouvoir, les faire rire.

Avec mes bêtises, j'ai réussi à les faire rire, surtout quand je leur ai annoncé qu'ils étaient biodégradables…

Mon show est terminé, définitivement. Il n'y aura plus de rappel. À tous ceux qui avaient promis de me rappeler, et qui ne m'ont jamais rappelé, je rends la pareille. Je ne me rappellerai pas à leur bon souvenir.

J'ai regardé par le trou de la serrure.

J'ai vu le dos d'un homme. Il est à sa table.

Il a ma taille, il a mes cheveux blancs, il est un peu voûté. C'est moi.

Au milieu de la page blanche, j'ai tracé en grand, le mot FIN parce que c'est la fin.

Je ne suis pas seul à être seul et pas le seul à l'écrire, Stéphanie Janicot[1] m'a précédé.

La solitude a toujours été source d'inspiration.

Je pense au film d'animation de Jean-François Laguionie, *Louise en hiver*.

Louise a loupé le dernier train de la saison, elle se retrouve seule dans une station balnéaire déserte. Elle va devoir apprivoiser sa solitude et les mouettes.

C'est beau, c'est émouvant, c'est fragile comme un pastel dont les couleurs s'envolent avec le vent.

Au bord de la mer, Louise va pouvoir rencontrer le gros bonhomme de la couverture de mon livre. Il se promène, lui aussi, au bord de la mer, seul dans un tableau de Léon Spillaert.

Peut-être une belle histoire d'amour à l'horizon.

---

1. *Tu n'es pas seul(e) à être seul(e)*, Albin Michel, 2005.

Je pense aux dessins de Chaval, à son héros solitaire, impassible et chauve.

Je pense au tableau de Caspar David Friedrich : *Le Moine au bord de la mer.*

À une aquarelle de Turner, *L'Aube après le naufrage.* Devant une mer déchaînée, sur la plage vide, un minuscule chien hurle à la mort.

Et aux tableaux de Edward Hopper.

La solitude, c'est tendance et c'est lourd.

J'ai essayé de faire un livre léger.

Avec plus d'accordéon que de violoncelle, quelques rires ajoutés et quelques facéties quand ça devient vraiment triste.

Drame de la solitude : cinq morts.

Leur voisin a avoué les avoir tués pour qu'ils ne partent plus, et qu'ils ne puissent plus fermer leurs volets.

J'en ai marre de moi, je m'invente des histoires pour me faire peur, j'imagine le pire, je fais des cauchemars.

J'ai autant peur de la mort que peur de la vie. Que choisir ?

Je bois pour oublier, de l'eau de vie, par peur de l'eau delà.

Je voudrais partir en douce, m'enfoncer dans la nuit, à pieds nus pour ne pas faire de bruit.

Un petit mot serait doux. *Le père de la Noiraude nous a quittés... Un auteur prolifique et facétieux a tiré sa révérence...*

J'ai le droit de mourir maintenant, je suis libre, je peux mourir, sans remords.

Celle qui aurait le plus souffert de ma mort est partie avant moi.

Je suis sûr qu'elle m'a préparé une jolie chambre avec un bouquet de fleurs, dans notre résidence tertiaire, au Père-Lachaise.

Hier, au musée Jacquemart-André, Claire m'a fait découvrir un peintre que je ne connaissais pas, Vilhelm Hammershøi.

C'est le peintre de la vie intérieure, du silence et de la solitude.

Ida, sa femme, est son unique modèle, tout le monde l'a vue et personne ne la connaît, elle est dans la pénombre, elle est toujours peinte de dos, dans des appartements vides, on ne voit jamais son visage.

Nous sommes restés devant cette femme de dos, Claire m'en a parlé, longtemps.

J'ai envié Hammershøi d'avoir une femme silencieuse.

Au bout d'un moment, Claire a manifesté des signes d'impatience, elle est sortie, je l'ai volontiers laissée partir, je voulais rester seul devant cette femme silencieuse.

À la fin de la journée, un gardien est venu me prévenir que le musée allait fermer.

Je suis sorti déçu, je me serais bien laissé enfermer dans la salle.

Je n'ai pas osé lui dire pourquoi, il m'aurait pris pour un fou.

J'attendais que la femme de dos se retourne, je voulais voir son visage.

Un vieil homme égaré avec de longs cheveux blancs, qui dit s'appeler Bilili, réclame sa maman.
Prière de s'adresser rapidement à l'accueil pour le récupérer.

Attention, en raison des soldes, tout doit disparaître…

DU MÊME AUTEUR :

Grammaire française et impertinente, Payot, 1992.
Arithmétique appliquée et impertinente, Payot, 1993.
Peinture à l'huile et au vinaigre, Payot, 1994.
Le Pense-bêtes de Saint François d'Assise, Payot, 1994.
Le C. V. de Dieu, Seuil, 1995 ; nouvelle édition Stock, 2008.
Le Pain des Français, Seuil, 1996.
Sciences naturelles et impertinentes, Payot, 1996.
Je vais t'apprendre la politesse, p'tit con, Payot, 1998.
Il a jamais tué personne, mon papa, Stock, 1999.
La Noiraude, Stock, 1999.
Encore la Noiraude, Stock, 2000.
Roulez jeunesse, un code de la route pour les jeunes, Payot, 2000.
Pas folle la Noiraude, Stock, 2001.
J'irai pas en enfer, Stock, 2001.
Mouchons nos morveux, Lattès, 2002.
Le Petit Meaulnes, Stock, 2003.
Antivol, l'oiseau qui avait le vertige, Stock, 2003.
Les Mots des riches, les mots des pauvres, Anne Carrière, 2004.
Satané Dieu !, Stock, 2005.
OGM, Organismes Gentiment Modifiés, Payot, 2006.
Mon dernier cheveu noir, Anne Carrière, 2006.

À ma dernière cigarette, Hoëbeke, 2007.
Histoires pour distraire ma psy, Anne Carrière, 2007.
Où on va, papa ?, Stock, 2008.
Poète et paysan, Stock, 2010.
Veuf, Stock, 2011.
Ça m'agace, Anne Carrière, 2012.
La Servante du Seigneur, Stock, 2013.
Trop, La Différence, 2014.
Manuel impertinent. Grammaire, Arithmétique, Sciences naturelles, Payot, 2014.
Ma mère du Nord, Stock, 2015.
Bonheur à gogos !, Payot, 2016.
Mon autopsie, Stock, 2017.
Dictionnaire amoureux du Nord, Plon, 2018.
J'aurai un bel enterrement, La Différence, 2019.
Merci qui ? Merci mon chien, Buchet Chastel, 2020.

Le Livre de Poche s'engage pour l'environnement en réduisant l'empreinte carbone de ses livres. Celle de cet exemplaire est de :
150 g éq. CO_2
Rendez-vous sur
www.livredepoche-durable.fr

PAPIER À BASE DE FIBRES CERTIFIÉES

Composition réalisée par PCA

Achevé d'imprimer en France par
CPI BRODARD & TAUPIN (72200 La Flèche)
en décembre 2020
N° d'impression : 3041241
Dépôt légal 1re publication : janvier 2021
LIBRAIRIE GÉNÉRALE FRANÇAISE
21, rue du Montparnasse – 75298 Paris Cedex 06

33/5353/6